SÉRIE A. ACTUALITÉS N° 1

LE VIN DU PEUPLE

Deux lettres à M. Th. de Banville

PAR

P.-A. EMILE DELAGE

Précédées d'un article de M. de Banville

ANNOTÉ PAR

L. MAURIAL

Prix : 50 cent. — Deuxième édition

Avec une introduction

A LA LIBRAIRIE VINICOLE & VITICOLE

Librairie de la Viticulture, de l'Ampélographie, de l'Œnologie, de la Législation des Boissons, de la Statistique et du Commerce des Vins, de la Distillerie, de la Cartographie spéciale et des Institutions pour la défense et la propagation de la Vigne.

PARIS — BORDEAUX

LE VIN DU PEUPLE

DU MÊME AUTEUR :

(Sous presse, en réédition)

Deux causeries sur les traités de commerce et la liberté commerciale, conférences données à Cognac et à Barbezieux, sous le patronage de la Chambre de Commerce.

Quelques réflexions sur l'Espagne, avec la traduction en espagnol, par don Martin Ferreiro, Secrétaire général de la société de Géographie de Madrid.

Imprimerie Eugène Brunette. — Blaye (Gironde).

LIBRAIRIE VINICOLE & VITICOLE

SÉRIE A. ACTUALITÉS N° 1.

LE VIN DU PEUPLE

Deux lettres à M. Th. de Banville

PAR

P.-A. EMILE DELAGE

Précédées d'un article de M. de Banville

ANNOTÉ PAR

L. MAURIAL

Avec une introduction

A LA LIBRAIRIE VINICOLE ET VITICOLE

Librairie de la Viticulture, de l'Ampélographie, de l'Œnologie, de la Législation des Boissons, de la Statistique et du Commerce des Vins, de la Distillerie, de la Cartographie spéciale et des Institutions pour la défense et la propagation de la Vigne.

PARIS, 27, Rue du Faubourg-Poissonnière, & 15, Rue Poudensan, BORDEAUX

1883

INTRODUCTION

A LA

LIBRAIRIE VINICOLE & VITICOLE

La présente brochure inaugure cette nouvelle Librairie dont l'objet est d'éditer exclusivement les ouvrages traitant de la vigne, de sa culture et de ses maladies ; du vin, des eaux-de-vie et de leur commerce ; de la législation des boissons, de l'ampélographie, de la chimie œnologique et des sciences connexes.

Les lettres, les arts, la plupart des sciences : la médecine, les mathématiques, l'économie politique, etc., ont déjà leurs éditeurs particuliers.

L'agriculture générale a également ses éditeurs ; mais, quoiqu'elle n'en soit qu'une branche, la viticulture réclamait, elle aussi, sa librairie particulière : les écrits qui en traitent et qui traitent des matières s'y rattachant se sont, en effet, tellement multipliés de nos temps, que la création s'imposait.

Disséminés un peu partout chez les éditeurs de Paris et de la province, les ouvrages traitant de la vigne et du vin étaient, pour l'homme d'étude, d'une recherche à la fois onéreuse et difficile. Notre Librairie, qui les collectionnera tous, les anciens comme les nouveaux, rendra de grands services aux lecteurs.

Quant aux personnes qui écrivent sur ces matières, et qui étaient toujours perplexes lorsqu'il leur fallait choisir des éditeurs dont la position et les relations pussent servir leurs œuvres, ils trouveront chez nous des avantages évidents.

Il est une catégorie d'écrits que nous serons particulièrement heureux d'éditer, d'accord avec les auteurs : ce sont ceux qui sont enfouis dans les comptes rendus des congrès anti-phylloxériques publiés depuis quelques années. Ce qu'il y a d'enseignements utiles, d'observations importantes, de judicieuses réflexions dans ces grands volumes, que quelques rares pionniers de la grande cause viticole ont seuls osé parcourir, c'est incroyable. Ces rapports, ces discours, ces études multiples que la masse des intéressés n'a pas lus, nous les mettrons à sa disposition en les reprenant dans des brochures que la modicité de leur prix rendra accessible pour tous.

Des congrès nouveaux seront tenus aux mêmes fins que les précédents ; nous éditerons les travaux qui s'y feront jour, de même que leurs devanciers, de telle façon que tout ce qui aura été écrit sur ces matières spéciales se trouve dans notre bibliothèque.

Nous couvrirons de notre enseigne les ouvrages sur nos matières, quelles qu'en soient l'importance et l'étendue : opuscules, livres, cartes murales, etc., etc.

Pour la généralité de nos éditions, nous utiliserons le format de la présente brochure.

Afin d'établir une tradition dans la Librairie, nous avons créé et déposé notre dessin de couverture qui renferme des attributs de la vigne. Ce type de couverture se reproduira sur tous nos livres.

Chaque année, nous publierons un catalogue de nos éditions classées par séries, et nous l'enverrons *franco* à toute personne qui nous le demandera.

D'accord avec les auteurs, nous prendrons les mesures utiles pour favoriser, en tous lieux, le placement de leurs œuvres. Ce nous sera facile, nos rapports devant s'étendre avec tous les libraires de province, qui seront nos commissionnés.

Un comité de lecture, qui nous est adjoint, décidera de l'admission dans notre bibliothèque des travaux qui nous seront proposés. Selon besoin, nous confierons à la plume de collaborateurs autorisés les commentaires nécessaires aux ouvrages nouveaux ou à rééditer.

Nous pourrons prendre les impressions à notre charge.

Dans tous les cas, et sauf pour des éditions exceptionnelles, les auteurs voudront bien s'entendre avec les imprimeurs instruits des traditions de notre librairie.

Le dépôt légal des ouvrages par nous édités sera fait et les formalités prescrites par les traités internationaux remplies. Les contrefaçons, réimpressions et traductions non autorisées de ces ouvrages seront poursuivies conformément aux lois.

En somme, nous prendrons toujours, dans l'intérêt des auteurs comme dans le nôtre, les mesures de garantie si peu souvent observées, surtout lorsqu'il s'agit de travaux en apparence sans importance.

Nous ouvrirons des comptes aux auteurs et nous règlerons avec eux suivant les conditions intervenues entre nous.

Pour la vente au public, nous nous en tiendrons rigoureusement à l'usage de la librairie, qui oblige au paiement immédiat des commandes. Toute demande devra donc être accompagnée de sa valeur.

Nos clients pourront nous payer par l'envoi de billets de banque, de chèques sur Paris ou de mandats-poste à notre ordre; pour les demandes d'ouvrages d'un prix inférieur à 2 fr. 50, nous accepterons des timbres-poste. On voudra bien ajouter immanquablement pour frais d'expédition des livres, **10 0/0** du montant des commandes.

Nous ne recevrons que des lettres affranchies. Accompagner les demandes de renseignements de timbres pour l'affranchissement des réponses.

La LIBRAIRIE VINICOLE ET VITICOLE *préparant un catalogue complet de tous les ouvrages déjà publiés en France et à l'Etranger sur les matières de son programme, les auteurs sont priés d'y adresser les renseignements propres à éclairer : noms des auteurs, titres des ouvrages, adresse des éditeurs, imprimeurs, etc., etc.*

LE

VIN DU PEUPLE

22 juin 1883.

Sous le titre ci-dessus, M. Théodore de Banville a adressé à M. Jean Richepin une lettre publiée par le *Gil Blas* du 15 courant qui est bien le modèle le plus fantaisiste et le plus sinistre de diffamation contre le commerce des vins. Nos lecteurs seront certainement très perplexes entre l'indignation que leur causeront ces absurdes calomnies et leur étonnement de voir un écrivain de grand talent se livrer à de pareilles débauches de dénigrement (1).

(1) Ces réflexions de M. L. Maurial ont paru dans le numéro du *Journal Vinicole*; les deux lettres à M. Théodore de Banville, reproduites à la suite, y ont également paru.

Le *Journal Vinicole*, organe des intérêts généraux de la vigne, des vins et des spiritueux, paraît le mardi et le vendredi de chaque semaine. Bureaux à Paris, 27, rue du Faubourg-Poissonnière, et à Bordeaux, 15, rue Pondensan. — Abonnement : un an, 20 francs; six mois, 11 francs.

Voici un extrait de cette singulière élucubration de ce littérateur :

Mon cher ami, hier, dans une rue du quartier Latin, j'ai vu un homme du peuple, tout à fait ivre, qui est tombé par terre la tête en avant. En cognant le pavé, son front fit un tel bruit épouvantable que tous les passants poussèrent un cri d'horreur. On pensait que le misérable avait dû se briser le crâne, et qu'on allait le voir se relever, s'il se relevait, avec son visage tout sanglant. Mais, au contraire, quand il se remit debout, on vit qu'il ne s'était fait aucun mal appréciable.

Tranquillement, il reprit sa route, et d'un pas relativement assuré, il se dirigea vers la boutique du marchand de vin le plus proche. Et que pouvait-il faire de mieux ? Car sur ces questions brûlantes et palpitantes plane une Fatalité inéluctable. Il fait chaud, le ciel est torride, le soleil brûle les gosiers des hommes en même temps que les façades des maisons et le bitume des trottoirs. Fatigué par un âpre et dur travail, l'ouvrier entre au cabaret, donne ses deux sous et boit un verre de vin, quoi de plus naturel ?

Mais une fois qu'il l'a bu, ce verre de vin, d'alcool, de vitriol, ce verre de poison, le voilà intoxiqué, indigéré, altéré sans ressource; il faut qu'il boive jusqu'au soir, les papilles de son palais réclament du liquide et encore d'autre liquide, il faut que le malheureux avale la haine, la fureur, la folie, le dégoût du travail, le désespoir de vivre. Car mon ami, vous savez quelles sont ces abominables boissons de Locuste ! Pour son argent, le travailleur n'a aucun moyen humain ou surhumain de se procurer un verre du vin qui soit du vin, ou qui même rappelle le vin de la manière la plus détournée et lointaine.

Dans votre beau livre *Le Pavé*, récemment publié, vous racontez avez une vérité qui nous fait froid jusque dans la moëlle des os le supplice dantesque du marchand de vin, obligé de trinquer avec les consommateurs, de boire lui-même ses produits du matin au soir, et même la nuit, sous peine de ne pas les vendre, d'avaler ainsi quotidiennement sans s'arrêter le délire, la paralysie, la mort, et vous montrez ce forçat du crime forcé de quitter son bon et sain repas de famille pour recommencer à déguster avec les amateurs ses madères qui corrodent les verres et ses absinthes qui mangent les comptoirs d'étain. Certes, ce marchand de choses immondes est une victime; mais il est aussi un bourreau, un tourmenteur payant patente pour tourmenter, et avant de le plaindre, je plains surtout ceux qui sont victimes tout bonnement. Ah! répandez l'instruction, enseignez la morale, ouvrez des écoles, tout cela sera de la bouillie pour les chats, tant que vous laisserez subsister ces liqueurs, ces eaux-de-vie, ces absinthes, ce vin enragé, plus éloquents mille fois que vous, et qui prêchent la colère, le meurtre, l'inceste, la promiscuité hideuse.

Est-ce assez sinistre? Il n'y a vraiment que les poètes pour faire des tableaux aussi sombres, mais malheureusement aussi de même dénués de bon sens. Quel service espère rendre au public M. de Banville en présentant à ses nombreux lecteurs les fournisseurs de vin sous un jour aussi odieux? Du temps de Pline, et peut-être avant, on critiquait le commerce et cela n'a pas empêché de boire du vin ni la longévité humaine de s'accroître. Quelles officines a donc pu visiter l'éminent rédacteur du *Gil Blas* pour en avoir remporté les désolantes impressions qu'il en a rapportées? Le Laboratoire municipal, peut-être.

Les cas, au reste fort rares, de *delirium tremens*, dont parle l'auteur de la lettre ci-dessus, ne viennent pas des liquides atroces que son imagination seule a fabriqués, mais bien de la diversité des liquides que le débitant se croit quelquefois obligé de boire pour attirer ou garder ses clients. Les plus prudents ne boivent pas, les moins avisés ne prennent que d'une seule sorte de liquide et le plus bénin. Quant à ceux qui, plutôt par penchant que par intérêt, font raison à toutes les tournées.

ils entassent à jeun vin blanc sur vin rouge, absinthe sur madère, vermouth sur bitter. Au bout de quelques mois, cette dangereuse consommation devient un besoin et, après un an, deux ans, surviennent, en effet, la folie et plus ou moins prochainement la mort.

Mais, je le répète, les cas de délire tremblant sont rares chez les débitants, et ce n'est pas la quantité de la boisson qui peut le provoquer. Boirait-on de tous ces liquides de première qualité et dans les mêmes conditions que le résultat serait fatalement le même. Donc, comparer les débitants parisiens à Locuste, la trop célèbre empoisonneuse de Rome, c'est tout simplement odieux. Locuste avait des moyens plus expéditifs et il est probable que Britannicus ne serait pas prêt à ingurgiter les liquides dont j'ai parlé plus haut pendant un an ou plus.

Les ouvriers ne sont pas aussi mal avisés que le suppose M. de Banville ; s'ils ne peuvent se procurer le meilleur vin qui coûte trop cher, ils savent parfaitement choisir le moins médiocre. Quant aux ivrognes endurcis que rien ne peut corriger, ils cherchent les liquides les plus chauds ; ils boiraient du vitriol dilué plutôt que de ne pas boire ; c'est là une hideuse infirmité humaine qui tient à la nature de l'homme, mais pas du tout à la mauvaise boisson fournie.

Je ne puis m'expliquer cette recrudescence de calomnies de la part des journaux politiques à l'endroit d'un commerce non moins honorable que tous les autres commerces. Il y a là cependant de graves motifs pour ne pas parler si légèrement d'une industrie qui touche par de nombreux contacts à la santé publique ; dans des cas d'épidémie, on peut se souvenir des lamentables attaques des feuilles assez légères pour objurguer sans preuves un honorable et important commerce. Les tribunaux, et c'est justice, punissent les fraudeurs, mais ne qualifient pas toute une corporation d'empoisonneurs. M. de Banville a-t-il médité cela ?

L. MAURIAL.

Lettres à M. Théodore de Banville

I

In vino veritas

Le *Gil Blas*, Monsieur, auquel vous prêtez le concours de votre grand talent, est un journal où l'on sacrifie souvent, trop souvent, la raison à l'esprit. On vous le disait à cette même place il y a huit jours : souffrez qu'à mon tour je vous le redise.

Guides d'un public boulevardier et sceptique, vos collaborateurs et vous avez au suprême degré l'art qui lui plaît : ses amitiés comme ses rancunes, ses appétits comme ses dégoûts, son ignorance de la vie utile comme l'inutilité de celle qu'il mène, vous flattez tout.

Vivant de son argent, on comprend que vous le payiez de la marchandise qui lui va.

Pourtant, encore que votre apostolat soit justifié, il ne s'en suit pas qu'il faille vous laisser l'exercer toujours sans mot dire. On pardonne beaucoup de leurs fredaines aux enfants gâtés, mais il est des moments où il faut les redresser, à peine de les voir se perdre.

Vous êtes les enfants gâtés du journalisme, c'est pourquoi l'on vous pardonne beaucoup. Prenez-y garde, cependant! à force de faire de l'esprit, vous tournerez à la frénésie. Ceux-là mêmes qui vous suivent avec le plus de sympathie vous en voudront certainement de leur enlever toutes leurs illusions.

Rien ne répugne tant que l'excès. Parnassiens, viveurs, francs-lurons, épicuriens, vous pouvez plaire; dévergondés, libertins et cyniques, vous dégoûteriez.

Sur toutes choses, vous devriez être toujours de bonne compagnie, même avec ceux que vous pouvez croire incapables de vous comprendre habituellement et que vous chargez souvent de crimes imaginaires. Vous y gagneriez au moins qu'ils ne vous haïssent pas.

Vous sentez que ce que j'en dis vient du cœur. J'admire vos brillantes qualités; et c'est précisément parce que je les admire que je ne voudrais pas vous voir les compromettre dans des débats sans gloire pour elles comme sans profit pour nous. Les nuages sont votre élément, continuez d'y planer; les ébats auxquels vous y vous livrez suffisent à votre gloire, que nous envions.

A d'autres la terre et ses prosaïques travaux; ici vous n'avez qu'à perdre.

Ainsi, pourquoi cette débauche terre-à-terre de l'autre jour, dans laquelle vous commîtes personnellement de si inconscientes objurgations? Vous parliez vin. Assurément, vous n'en aviez pris qu'avec mesure ce jour-là; pourtant, vous étiez ivre. Je m'entends, votre plume l'était, c'était déjà trop.

Je vous vois d'ici m'interroger comme un homme qui ne comprend pas et vous exclamer : « Quel crime ai-je donc commis, grand Dieu, que j'aie mérité de si sévères représentations ! »

Le crime, je vais vous le faire toucher du doigt.

Sous la forme d'une épitre à l'auteur de la *Chanson des Gueux*, vous écriviez dans le *Gil Blas* un article dans lequel vous rappeliez le cas d'un ivrogne qui, devant vous, sur la rue, titubait et avait failli, dans une chute, se briser le crâne ; concluant de son ignominieux état qu'il avait dû boire des liquides fraudés — comme si les boissons les plus pures, le jus de la vigne pris en excès, les liqueurs ingurgitées par doses immodérées ne provoquaient pas l'hébètement et le trouble physiologique chez les buveurs — concluant, dis-je, du fait que l'homme devait avoir été empoisonné, vous terminiez par cette allégation que le commerce des vins n'est qu'un ramassis de fraudeurs dignes tout au plus de la corde pour les pendre.

Cette calomnie, Monsieur, c'est votre crime.

Calomnie, en effet, car rien n'est plus faux, plus injuste que de prétendre tirer d'un accident aussi isolé une règle contre des innocents ; que de vouloir englober dans une réprobation sans réserve tous les membres d'un commerce, qui peut compter dans son sein des brebis galeuses sans qu'il soit raisonnable de le rendre solidaire de l'indélicatesse de quelques-uns.

Des malhonnêtes gens, il y en a dans toutes les classes de la société ; il y en a dans la vôtre comme dans celles des vendeurs de vin. Tenez, un exemple qui vous touche : à tort ou à raison, on prétend que c'est votre journal qui a ouvert la voie aux publications pornographiques qui, depuis quelques années, empoisonnent les boulevards parisiens. Gaulois et rieurs, vous avez, il est vrai, inauguré dans le journalisme de nos jours un genre qui frise l'immonde; vous n'y avez pas versé parce que chez vous la forme sauve le fond; mais voyez ce que font ceux que votre succès a impressionnés et les résultats qu'ils obtiennent : pendant que vous triomphez, le mépris public les poursuit.

Ainsi, dans notre monde spécial, l'honnêteté ici n'est pas l'exception; l'exception, c'est la malhonnêteté.

La fraude du vin, au surplus, n'est pas un fruit de notre temps (1) : elle est de tous les temps, comme l'ivrognerie. Au moins, celle-ci ne prouve-t-elle pas celle-là. Ah! j'aurais beau jeu, vraiment, si je voulais m'étendre longuement là-dessus et faire du syllogisme

---

(1) Dans un ouvrage remarquable intitulé : « *Les Vignes et les Vins de l'Algérie* » publié depuis que cet article a été écrit, par M. Romuald Dejernon, professeur d'agriculture en Algérie, on lit, page 59, ceci :

« A toutes les époques, les marchands de vins ont cherché des » bénéfices illicites dans la falsification. Par une ordonnance de » Charles VI, il est enjoint aux commerçants *d'amener des vins bons* » *loyaux, marchands non mixtionnés, sous peine de confiscation, de* » *forfaiture et d'amende arbitraire.* Sous Louis XIII, un édit ordonne » aux *hôteliers, cabaretiers, marchands débitants, de garnir leurs* » *caves de toutes sortes de vins, et de débiter au public à divers prix,* » *bon vin, droit, loyal et marchand sans être mélangé, à peine de 400* » *livres parisis d'amende.* Louis XVI, en 1787, fait défense, par un » édit, d'*introduire des substances malfaisantes dans les vins et cidres,* » *sous quelque prétexte que ce soit, même celui de les améliorer, sous* » *peine de trois années de galères et de 1,000 livres d'amende.* »

La citation est concluante.

Il y a toujours eu des fraudeurs dans le commerce des vins. Si nous apprécions que notre époque n'est pas plus gangrenée à cet égard que les temps qui ont précédé, nous ne croyons pas, toutefois, qu'il soit utile, de nos jours, de menacer les gens des galères et de l'amende pour les empêcher d'AMÉLIORER leurs vins. Cette variété de fraudeurs a incontestablement disparu.

à votre façon. Je n'aurais qu'à vous reporter à vos vingt-cinq ans, et, prenant dans l'époque des faits à votre connaissance, je vous démontrerais que si l'ivrognerie prouve la fraude, il devait y avoir alors beaucoup de fraudeurs. Gérard de Nerval, qui fut votre ami et dont la fin fut si misérable, dut de son temps rencontrer beaucoup de fraudeurs sur sa route. On a peine à croire, en effet, que des boissons pures seules pussent pousser un aussi grand esprit à promener par les rues de la Capitale un homard en laisse. Il y avait des fraudeurs de son temps, comme il y en avait jadis dans l'ancienne Rome. Notre époque n'étant pas meilleure, et l'espèce des fraudeurs se multipliant comme les autres, rien d'étrange à ce que nous en trouvions encore.

Mais je n'insisterai pas à cet égard.

Ce que je me propose ici, ce n'est pas de relever les marchands de vins et leurs fournisseurs de vos attaques, qu'au fond je ne crois pas malintentionnées. Je désire seulement faire le jour sur quelques points de la question trop négligés dans les débats auxquels on se livre à son sujet. Je veux même donner raison, dans une certaine mesure, à vos réclamations pour vous montrer les vrais fauteurs. Cela fait, vous m'accorderez peut-être que vous vous êtes mépris.

Pour ma démonstration qui pourra exiger quelques développements, je vous remets à une prochaine lettre.

II

Avez-vous lu Bastiat, Monsieur de Banville ? Je puis sans doute, sans diminuer votre gloire, émettre la pensée que non.

Vous vivez sur l'Hélicon, Bastiat n'y monta jamais. Le papillon qui embellit nos journées ensoleillées, le rossignol qui chante leurs joies ne connaissent pas la fourmi qui travaille en silence, dissimulée sous l'herbe. Bastiat fut la fourmi de ce dernier demi-siècle dont vous, papillon mitigé de rossignol, avez égayé le cours.

Il y a quelque part dans l'œuvre terre-à-terre, mais appréciable, du grand économiste, certaines pages que je voudrais pourtant vous voir lire. Il y est parlé de « ce qu'on voit » et de « ce qu'on ne voit pas » en économie sociale. Jetez donc l'œil sur ces pages et vous me direz ensuite s'il n'est pas nécessaire, quand on traite un sujet, de rechercher ce qu'il cache comme ce qu'il a d'apparent.

Appliquant la théorie de Bastiat à l'examen du cas qui nous occupe, je vous dirai : les négociants de vins fraudent, je veux l'admettre. C'est là ce qu'on voit ; mais ce qu'on ne voit pas, c'est qu'ils sont presque obligés de frauder.

Ne vous récriez pas ! Rien n'est plus exact, rien n'est plus justifiable. Vous vivez à Paris, c'est ici que je prendrai mes preuves pour vous convaincre.

La Capitale n'est pas une petite bouche. C'est un gouffre où la province chaque jour déverse par pleins trains les aliments qu'il lui faut : pain, viande, légumes, fruits, boissons y arrivent abondants ; encore qu'ils y soient toujours abondants, le ventre parisien en réclame toujours davantage.

La vie, là-bas, est dure et pénible. Vous qui êtes un parisien entre les parisiens, vous le savez mieux que quiconque. Ce qu'il faut d'argent pour y subsister — je ne dis pas pour y vivre, ce qui est quelque chose de plus, — c'est épouvantable.

Eh bien, dites-moi, croyez-vous que la jeune ouvrière sans le sou, que la misère pousse dans la prostitution ; que l'ouvrier chargé de famille dont le salaire quotidien n'excède pas 5 à 6 fr. par jour ; que l'employé et le fonctionnaire à deux mille quatre cents francs l'an, qui doivent porter redingote et chapeau haute-forme, à peine d'être remerciés par leurs patrons ; croyez-vous que ce soient-là gens à payer le vin le prix qu'il vaut ? Si vous le croyez, c'est d'abord que vous ne vous êtes jamais préoccupé des exigences d'une table, puis, que vous n'avez jamais songé à ce qu'un approvisionnement de vin cause de dommage à un budget modeste.

Je voudrais vous fixer sur ce point.

Demandez, par exemple, dans le Bordelais, d'où je vous écris, à un propriétaire dont le phylloxéra a ruiné en partie les biens, ce qu'il peut vendre, à la barrique, ce qui lui reste de sa plus ordinaire récolte. Il vous répondra : huit cents francs le tonneau, pris chez lui, soit deux cents francs la barrique de vin. Commandez-lui une pièce, soit un quart de tonneau, vous devrez aussitôt ajouter à la dépense de 200 fr., prix du vin nu : 15 fr., coût de la futaille pour le loger; plus 15 fr. pour le transporter à Paris ; plus cinquante francs environ, coût des droits de régie et d'octroi et du camionnage à domicile.

C'est au total 280 fr. pour 225 litres de vin, c'est-à-dire 1 fr. 40 par litre, — le double du prix que le consommateur parisien met dans le vin que lui fournit le commerce de Bercy par l'intermédiaire des « mastroquets. »

Un franc quarante centimes le litre ! Vous pouvez boire du vin à ce prix, vous qui n'avez qu'à donner trois lignes par jour au *Gil Blas* pour le payer ; mais croyez-vous que les autres, que ces affamés dont je viens de parler et qui forment le fond de la population parisienne peuvent de même y suffire ?

Je vous en fais juge.

Passons maintenant dans la Charente, le pays du Cognac, vous savez, cette liqueur à nulle autre pareille, dont un poète a dit qu'elle est de l'

> Or potable qui dort en futaille, et qui semble
> Fait avec des rayons de l'aube distillés,

et qui

> . . . . huile divine,
> Du fin cristal qui s'incline.

lorsqu'elle

Descend au gosier sans bruit
Dans le corps qu'elle dilate,
Sa sève électrique éclate
Comme l'éclair dans la nuit.

Ce cognac, savez-vous ce qu'il vaut actuellement chez les producteurs charentais qui n'en distillent plus que d'insignifiantes quantités ? 215 francs l'hectolitre, sans la futaille, dans les crûs très inférieurs, dans la région dite des « bons bois ». A preuve, cette cote absolument nominale encore que je détache d'un journal cognaçais en date de ces derniers jours (1) :

COURS DES EAUX-DE-VIE l'hecto nu, au comptant, sans escompte, à 4 degrés de Tessa (surforce réglable en sus).

COGNAC. — Récoltes	1878			1877		
Bons Bois ordinaires.............	215	à	220	220	à	225
Très Bons Bois..................	220		225	225		230
Fins Bois (Borderies)............	235		240	240		245
Petite Champagne................	245		250	255		260
Fine Champagne.................	265		270	280		285

A ces prix, il faudrait ajouter le coût des droits, l'enfûtage, le transport, etc., etc.

Un litre de cognac pur de deux ou trois ans d'âge ne peut coûter, rendu à Paris, dans la cave du consommateur, moins de 8 francs.

Encore là-dessus, je vous fais juge si monsieur Tout-le-Monde a le gousset suffisamment garni pour pouvoir embellir ses repas de l' « or potable fait avec des rayons de l'aube distillés ! »

(1) L'*Indicateur*. — Cette cote est, en effet, absolument nominale. Dans les achats, on se heurte à des prix plus élevés.

Le peuple, Monsieur, ne peut pas payer le bon vin et le cognac authentique ce qu'ils valent ; voilà pourquoi il boit de mauvais vin et de mauvais cognac ; car il veut en boire. Vous qui réclamez, empêchez-l'en donc !

Oui, empêchez-le de boire de ces produits douteux que ses exigences ont fait naître ; faites qu'il boive de l'eau ; mais vous prêcherez dans le désert !

Placez plutôt devant un ouvrier aux ressources réduites trois bouteilles que vous aurez remplies : la première, d'eau pure, la seconde, de vin frelaté, la troisième, de vin d'une pureté justifiée ; invitez-le à choisir. Je jure Dieu qu'il achètera la seconde bouteille, ne pouvant acheter la troisième, et qu'il rejettera la première qui n'exigerait aucune dépense et offrirait au moins des garanties pour sa santé. Bien plus, mettez à sa portée un vin pur, mais léger et sans couleur, et un autre vin préparé, d'une coloration intense artificiellement obtenue : il lui préférera ce dernier.

A Paris, on veut de gros vins. Les négociants, ceux du lieu comme ceux de province, le savent, et pour obéir aux exigences du consommateur qui veut impérieusement ces gros vins, ils délaissent dans le Midi des petits vins naturels et bons que l'oubli dans lequel on les laisse oblige leurs détenteurs de les livrer aux flammes, à la grande joie des viticulteurs espagnols, qui ont le privilège de produire ces vins grossiers qui aujourd'hui ont le pas sur les nôtres chez les consommateurs inintelligents.

C'est triste à dire, mais c'est ainsi de nos jours :

> Il n'est plus d'avocats pour le vin de Suresnes.

Et puis, il faut du bon marché.

Je viens de vous montrer qu'un vin buvable de consommation courante, à vous fourni directement par le producteur bordelais, vous coûte au moins 1 fr. 40 le litre. Mais, à de rares exceptions, ce ne sont pas les propriétaires qui livrent directement leurs vins à la consommation ; des intermédiaires, des négociants, des courtiers interviennent dans ces trocs, et, pour leurs soins, ils prélèvent des commissions.

C'est justice. Or, ce vin que je vous ai fait acheter 1 fr. 40 le litre vous eût coûté, si vous l'aviez reçu des mains d'un négociant, 20 0/0 de plus — 20 0/0 qui seraient d'autant plus légitimement dûs que vous auriez sollicité un délai de paiement, qu'il y aurait eu des frais de change à subir pour le recouvrement de la somme, et qu'il y aurait même eu à courir la chance ou la malechance, si vous aimez mieux, d'un non paiement.

Ce même vin acheté à la bouteille, chez un débitant à Paris, vous coûterait une commission de plus sur celles précédemment indiquées.

Ici encore, ce serait justice, car le « mastroquet » parisien n'a pas plus que les autres le secret de vivre, de tenir boutique, de satisfaire le fisc et ses charges générales sans gagner d'argent.

Pourtant, le buveur parisien veut du vin bon marché et bon. On lui dit que ces deux termes ne sont pas conciliables ; il n'en veut rien croire et prétend qu'on le serve. On le sert donc ; et, chose étrange, malgré tout, on le sert bien.

Voilà, Monsieur, la vérité, voilà « ce qu'on ne voit pas ».

Vous comparez les marchands de vins à Locuste ; c'est une sinistre plaisanterie. En tous cas, c'est Locuste esclave à qui son maître dit :

— Donne du poison, j'ordonne !

Ne daubez donc pas sur des gens qui n'en peuvent mais ; tancez plutôt le consommateur qui ne sait pas se résoudre à boire de l'eau et qui fomente la fraude par ses exigences : — c'est lui le coupable.

Au fond, après tout, le « vin du peuple, » le vin commun préparé pour ses moyens, n'est pas aussi mauvais que vous le prétendez. Ce vin, c'est le gros noir du Centre et du Roussillonnais et de l'Etranger dédoublé ; c'est le mariage de crûs inférieurs avec quelques parties de bons ; c'est du raisin sec fermenté ; c'est de la « cuvée ». Ce n'est pas du Château-Margaux (20 francs la bouteille), ce n'est pas du Clos-Vougeot, ce n'est pas de l'Hermitage : malgré tout, ça se boit. Ça se boira, hélas ! nous le craignons bien, longtemps encore ; aussi longtemps, bien sûr, qu'il y aura des restaurants à vingt-deux sous le repas, vin compris, et des gens obligés de s'asseoir à leurs tables.

Non, ne calomniez plus ceux qui vendent du « vin du peuple » ; faites plutôt que le peuple qui boit ce vin — qui est le plus souvent sain s'il n'a pas bon goût — soit autre chose qu'un gueux. Mettez à sa disposition les moyens d'améliorer sa condition, et si vous n'y pouvez réussir, moralisez-le pour le moins. Qu'au lieu d'un litre de vin par repas ou par jour, il se contente d'un verre et qu'il consente à payer ce doigt de vin ce qu'il paye un litre : c'est le problème à résoudre. Si vous pouviez en trouver la solution, je vous le dis en vérité, vous mériteriez encore d'avantage des marchands de vin que de leurs clients, et l'on serait joyeux aux pays des vignes, malgré les maux qu'on y souffre du fait du phylloxéra, car ici plus qu'ailleurs on déplore la dépravation du goût public.

Le vin qu'on produit ici, s'il n'est pas délaissé, ne

paie toutefois qu'avec usure les frais faits pour l'obtenir. Le retour du consommateur à une appréciation plus saine des vrais vins ne pourrait que profiter aux producteurs.

Mais, encore une fois, comment concilier l'acheteur qui veut beaucoup de vin pour peu d'argent et le producteur qui ne peut donner pour beaucoup d'argent que peu de vin? Résolvez encore ce problème, et vous mériterez de tous. Peut-être cela vous sera-t-il plus difficile que de composer une ode ou d'écrire, à l'adresse de votre collaborateur Jean Richepin, deux cents lignes insidieuses contre le commerce du « vin du peuple? »

P.-A. Emile DELAGE.

LIBRAIRIE VINICOLE ET VITICOLE

PARIS, 27, rue du Faubourg-Poissonnière, et 15, rue Poudensan, BORDEAUX

SOUS PRESSE

POUR PARAITRE PROCHAINEMENT

A LA MÊME LIBRAIRIE :

Imprimerie Eugène Brunette. — Blaye (Gironde).

www.ingramcontent.com/pod-product-compliance
Lightning Source LLC
LaVergne TN
LVHW021638170726
843501LV00007B/2290

* 9 7 8 2 3 2 9 6 5 8 2 6 1 *